AF456541

3 Mai 1893.

V

Vente du Mercredi 3 Mai 1893

HOTEL DROUOT, SALLE N° 6

TABLEAUX

OBJETS D'ART

ET

D'AMEUBLEMENT

Garnissant l'Atelier de M. E. Fichel

ARTISTE-PEINTRE

EXPOSITION PUBLIQUE

LE MARDI 2 MAI 1893

COMMISSAIRE-PRISEUR

Me PAUL CHEVALLIER

10, rue de la Grange-Batelière, 10

EXPERTS

Pour les Tableaux

M. BERNHEIM Jeune

8, rue Laffitte, 8

Pour les Objets d'art

M. CHARLES MANNHEIM

7, rue Saint-Georges, 7

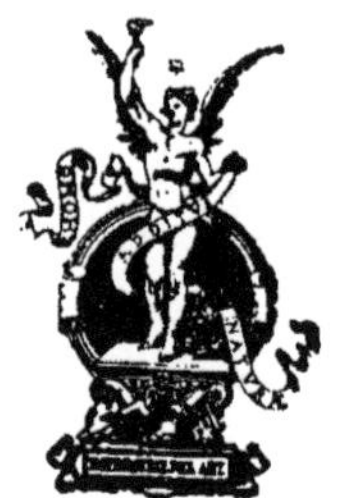

CATALOGUE

DES

TABLEAUX ET DESSINS

Par E. Fichel

TABLEAUX DIVERS

OBJETS D'ART

ET D'AMEUBLEMENT

Faïences françaises, Porcelaines

OBJETS VARIÉS, CUIVRES, INSTRUMENTS DE MUSIQUE

MEUBLES, ÉTOFFES

LOT IMPORTANT DE COSTUMES

TAPISSERIES

Garnissant l'Atelier de M. E. Fichel, artiste-peintre

ET DONT LA VENTE AURA LIEU

HOTEL DROUOT, SALLE N° 6

Le Mercredi 3 Mai 1893, à 2 heures précises

COMMISSAIRE-PRISEUR

Me PAUL CHEVALLIER

10, rue de la Grange-Batelière, 10

EXPERTS

Pour les tableaux

M. BERNHEIM Jeune

8, rue Laffitte, 8

Pour les objets d'art

M. CHARLES MANNHEIM

7, rue Saint-Georges, 7

EXPOSITION PUBLIQUE

Le Mardi 2 Mai 1893, de 1 heure 1/2 à 5 heures 1/2

CONDITIONS DE LA VENTE

Elle sera faite au comptant.

Les Acquéreurs paieront *cinq pour cent* en sus du prix d'adjudication.

L'Exposition mettant le public à même de se rendre compte de l'état des objets, il ne sera admis aucune réclamation une fois l'adjudication prononcée.

Paris. — Imp. de l'Art, E. Ménard et Cie, 41, rue de la Victoire.

DÉSIGNATION DES OBJETS

TABLEAUX

Par E. Fichel

1 — *Bredouille.*

Salon de 1892.

Bois. Haut., 32 cent.; larg., 41 cent.

2 — *La Toilette.*

Bois. Haut., 32 cent.; larg., 41 cent.

3 — *La Sortie du bain.*

Bois. Haut., 33 cent.; larg., 24 cent.

4 — *Au café.*

Bois. Haut., 24 cent.; larg., 38 cent.

5 — *Le Savetier et le Financier.*

Bois. Haut., 33 cent.; larg., 41 cent.

6 — *Joueurs de cartes.*

Bois. Haut., 22 cent.; larg., 16 cent.

7 — *Le Potage.*

Bois. Haut., 22 cent.; larg., 16 cent.

8 — *La Partie de cartes.*

Bois. Haut., 18 cent.; larg., 12 cent.

9 — *Séance de portrait.*

Bois. Haut., 18 cent.; larg., 11 cent.

10 — *Le Menu.*

Bois. Haut., 18 cent.; larg., 12 cent.

11 — *Le Départ pour la promenade.*

Bois.

12 — *La Visite à Étretat.*

Bois. Haut., 56 cent.; larg.; 45 cent.

ÉTUDES ET ESQUISSES

Par E. Fichel

---

13 — *Galerie des costumes.*

Musée d'artillerie, 1877.

14 — *Galerie des armures.*

Musée d'artillerie, 1877.

15 — *Un Atelier d'élèves.*

16 — *La Cigale et la Fourmi*

17 — *La Cigale.*

18 — *La Fourmi.*

19 — *Sculpteur Louis XV.*

20 — *La Sortie du bain.*

21 — *Le Baiser dans la gloire*

22 — *Galerie des armures.*
Musée d'artillerie.

23 — *Galerie des costumes.*
Musée d'artillerie.

24 — *Tapisserie.*
D'après Boucher.

25 — *Tapisserie.*
D'après Boucher.

26 — *Far niente.*

27 — Sur une même toile : huit études de dossiers de fauteuils.

28 — *Promenade sur les remparts.*

29 — *Saint-Sulpice.*

30 — *Étude de chaises à porteurs.*

31 — *La Saint-Barthélemy.*

32 — *La Visite.*

DESSINS PAR E. FICHEL

33 — *Arrestation d'un espion.*

34 — *Officier Charles IX.*

35 — *Soldat Charles IX.*

36 — *Soldat Charles IX.*

37 — *Soldat Charles IX.*

38 — *Groupe de soldats.*

39 — *La Rue Quincampoix.*

TABLEAUX

Formant la Collection de M. E. Fichel.

40 — BIARD. *Lapon.*

41 — BIARD. *Lapone.*

42 — DELACROIX (AUG.). *Paysage breton.*

43 — DELACROIX (AUG.). *Intérieur breton.*

44 — LEMMENS. *La Mare.*

45 — LEMMENS. *Une Cour.*

46 — LEMMENS. *Un Puits.*

47 — LEMMENS. *Une Chaumière.*

48 — LE POITTEVIN. *Juin 1848.*

49 — LUMINAIS. *Cavalier gaulois.*

50 — MOREAU (ADRIEN). *Le Trompette.*

51 — MOREAU (ADRIEN). *Femme couchée.*
Aquarelle, forme miniature, monture or.

52 — PILS (ED.). *Atelier des élèves Picot.*

53 — TOULMOUCHE. *Tête de femme.*

54 — WORMS (JULES). *Étude de chevaux.*

55 — WORMS (JULES). *Étude de chiens.*

DESSINS SUR BOIS

56 — FORTUNY. *Étude de soldat.*
Mine de plomb.

57 — LAMI (EUG.). *Fantaisie.*
Encre de Chine.

58 — MEISSONIER. *Place de la Cathédrale.*
Dessin sur bois.

59 — VAN ELVEN. *La Cathédrale de Beauvais.*
Aquarelle.

OBJETS D'ART

ET

D'AMEUBLEMENT

FAIENCES ET PORCELAINES

60 — Rouen. Plat long, décor polychrome de kiosques de style chinois; bordure quadrillée.

61 — Rouen. Plat rond, décor polychrome à la double corne d'abondance.

62 — Rouen. Plat rond, décor bleu et rouille, corbeille et guirlandes de fleurs.

63 — Rouen. Plat long à bords contournés: chien et canards; bordure de fleurs.

64-65 — Rouen. Quatre assiettes polychromes, décor à la corne d'abondance.

66 — Rouen. Deux assiettes polychromes : oiseaux, insectes et branches fleuries.

67 — Rouen. Plat long à bords contournés, décor polychrome : carquois et oiseaux, bordure quadrillée.

68 — ROUEN. Petit plat long à bords contournés, décor polychrome à la corne tronquée et à la haie fleurie.

69 — ROUEN. Compotier, décor polychrome : kiosques de style chinois et quadrillés.

70 — ROUEN. Compotier, décor polychrome à la corne.

71 — ROUEN. Légumier rond couvert, décor à la double corne d'abondance.

72 — STRASBOURG. Légumier couvert avec plateau, décor de fleurs.

73 — ROUEN. Aiguière, décor polychrome.

74 — MOUSTIERS. Jardinière oblongue, décor bleu de dentelle et mufles de lions.

75 — FAÏENCE DU MIDI. Petit plat long, décor bleu rayonnant.

76 — DELFT. Deux petites potiches non couvertes, décor bleu.

77 — URBINO. Petit plat polychrome : personnages pesant de l'or.

78 — URBINO. Compotier godronné : grotesques.

79 — FAENZA. Compotier : buste de guerrier et feuillages.

80 — Castel-Durante. Cornet de pharmacie cylindrique, décor de sainte femme et fleurs sur fond bleu.

81 — Manissès. Trois plats variés, décor à reflets métalliques.

82 — Strasbourg. Deux compotiers à fleurs. Fabrique de Hanong.

83 — Deux pièces faïence : plat, à décor de fleurs, anses branchages; et saladier, décor bleu et jaune, quadrillés et guirlandes.

84 — Fontaine rocaille en faïence italienne; support-applique en bois sculpté.

85 — Plusieurs carreaux en faïence espagnole.

86 — Garniture de trois pièces, potiche couverte et deux cornets, vieux Japon, décor polychrome et or.

87 — Petit plat, vieux Chine, famille rose à fleurs.

88 — Autre, vieux Japon, bleu, rouge et or.

89 — Trois plats, porcelaine du Japon, bleu, rouge et or.

90 — Chimère en grès émaillé. Chine.

91 — Deux bouteilles variées, porcelaine de Chine, décor bleu : cavaliers; personnages.

92 — Petite cafetière, vieux Sèvres, pâte tendre, à fleurs.

CUIVRES, ÉTAINS, FERS

93 — Jardinière circulaire en cuivre rouge godronné.

94 — Lanterne en cuivre.

95 — Lustre flamand en cuivre.

96 — Aiguière en cuivre doré à motifs rocaille gravés. XVIIIe siècle.

97 — Chaufferette en cuivre. XVIIIe siècle.

98 — Mortier et son pilon. XVIIe siècle.

99 — Brûle-parfums couvert japonais en bronze.

100 — Cage en cuivre repoussé du XVIIIe siècle.

101 — Bouilloire en cuivre rouge.

102 — Aiguière et plateau en dinanderie; trépied italien en fer doré.

103 — Jardinière ronde, cuivre rouge à godrons.

104 — Autre ovale, cuivre.

105 — Épée Louis XVI, poignée de fer, partiellement doré.

106 — Sous ce numéro, armes variées.

107 — Plaque de cheminée aux armes de France.

108 — Fragment d'enseigne en fer.

109 — Plusieurs pièces en étain.

OBJETS VARIÉS

PENDULES, INSTRUMENTS DE MUSIQUE

110 — Petit cartel Louis XV en bronze doré à motifs rocaille, nymphe et amours sur des nuées.

111 — Cartel-applique Louis XV et son socle cul-de-lampe en bois peint noir garni de bronzes à motifs rocaille.

112 — Éventail Louis XVI, nacre, feuille, sujet galant.

113 — Éventail Louis XVI, ivoire, feuille en soie peinte avec paillettes, médaillon au ballon.

114 — Traîneau en bois sculpté Louis XV.

115 — Bible allemande avec gravures coloriées. 1529.

116 — Relation de l'arrivée du Roi au Havre le

19 septembre 1749. Volume in-folio avec planches. Reliure aux armes de France.

117 — Petit bas-relief italien en marbre : la Vierge et l'Enfant Jésus. Encadré.

118 — Portrait d'homme; époque Louis XIV. Encadré.

119 — Portrait d'homme; peinture sur panneau. Encadré.

120 — Trumeau en bois peint et doré avec peinture : sujet de chasse. XVIIIe siècle.

121 — Dessus de porte peint : sujet mythologique ; encadrement rocaille en bois et pâte dorés.

122 — Chaise à porteurs, garnie intérieurement de damas rouge.

123 — Mandoline.

124 — Violoncelle.

125 — Violon.

126 — Tambour.

127 — Guitare.

128 — Théorbe.

129 — Vielle du XVIIIe siècle en partie laquée.

130 — Trois rouets, bois.

131 — Petit rouet, bois et cuivre.

132 — Glace hollandaise, cadre en bois sculpté et doré.

133 — Miroir hollandais, cadre en bois sculpté et doré.

134 — Deux miroirs variés ; cadre rocaille en bois doré.

135 — Lot d'anciennes mesures.

136 — Plusieurs boucles de souliers.

137 — Sous ce numéro, objets de vitrine. (Sera divisé).

138-139 — Plusieurs coupes, bocaux, bouteilles, etc. Verre de Venise et de Bohême.

140-141 — Plusieurs chevalets.

MEUBLES

142 — Bureau à dos d'âne Louis XV, bois de placage, à nombreux tiroirs, garni de cuivres.

143 — Petite chaise Louis XVI bois sculpté, dossier à lyre.

144 — Bergère Louis XV en bois sculpté et laqué blanc.

145 — Deux chaises Louis XV cannées en bois sculpté, presque semblables.

146 — Écran Louis XV en bois sculpté, feuille en damas.

147 — Fauteuil en bois sculpté, à dossier carré, couvert en velours rouge.

148 — Fauteuil Louis XVI, bois laqué blanc et doré.

149 — Chaise Louis XV en bois sculpté à fleurettes, couverte en velours rouge.

150 — Fauteuil Louis XV, bois doré, couvert en velours rouge.

151 — Fauteuil Louis XV, bois doré.

152 — Escabeau, bois sculpté.

153 — Pannetière en bois sculpté. XVIIIe siècle.

154 — Coffre en bois sculpté à pilastres feuillagés et bas-relief : la Nativité, du XVIIe siècle.

155 — Chaise en bois recouverte de tapisserie au point.

156 — Autre, siège en tapisserie au point.

157 — Fauteuil Louis XV en bois doré.

158 — Deux fauteuils Louis XVI, bois laqué blanc et doré.

159 — Meuble à deux portes et un tiroir en bois avec moulures guillochées sur table-console à un tiroir.

160 — Meuble à deux corps en bois sculpté à décor de moulures et feuillages.

161 — Encoignure, bois satiné; dessus de marbre Sainte-Anne.

162 — Vitrine en bois noir sur table-console de style Renaissance.

163 — Petit écran Louis XV en bois sculpté, feuille en soie brodée à fleurs.

164 — Console en bois sculpté et doré, dessus en marbre blanc.

165 — Glace hollandaise, cadre en bois sculpté et doré.

166 — Fauteuil Louis XV en bois sculpté à fleurettes, siège et dossier cannés.

167 — Autre, même époque, siège et dossier cannés.

168 — Table oblongue en bois sculpté avec plateaux mobiles porte-lumières. XVIIIe siècle.

169 — Petite banquette Louis XV en bois sculpté.

170 — Fauteuil Louis XV, bois sculpté, couvert en lampas à fond rouge.

171 — Petit meuble à hauteur d'appui fermant à deux portes, bois sculpté; dessus de marbre. XVIIIe siècle.

172 — Fauteuil Louis XV en bois sculpté à coquilles et feuillages, couvert en velours ciselé, jaune et rouge.

173 — Chaise en bois sculpté, à dossier ajouré, XVIIIe siècle, couverte en damas rouge.

174 — Meuble-dressoir en bois sculpté à quatre portes; décor de mascarons, rinceaux, cariatides et pilastres.

175 — Tabouret en bois doré, couvert en lampas à fond rouge.

176 — Chaise en bois sculpté, dossier élevé ajouré, XVIIIe siècle; couverte en lampas à fond rouge.

177 — Chaise en bois sculpté, XVIIIe siècle; siège et dossier cannés.

178 — Tabouret Louis XIII en bois sculpté, couvert en velours vert.

179 — Fauteuil Louis XV en bois sculpté à fleurettes; il a été recouvert en étoffe brochée.

180 — Vaissellier en bois sculpté, le bas à portes pleines. XVIIIe siècle.

181 — Meuble-vitrine, bois de rose; dessus de marbre blanc.

182 — Coffre en bois sur table-support à un tiroir.

183 — Table de trictrac Louis XV, bois noir et cuivres.

184 — Bibliothèque en bois sculpté à pilastres corinthiens.

185 — Petite table en noyer.

186 — Grande table-bureau en chêne et racine de noyer.

187 — Cabinet à deux portes et plusieurs tiroirs.

188 — Porte, bois et pâte peints et dorés.

COSTUMES, ÉTOFFES

189 à 200 — Important lot de costumes en soie, velours, etc. Louis XV et Louis XVI.

201-202 — Tricornes, baudriers, ceinturons, etc.

203 — Jupe en soie brochée Louis XVI à fond blanc.

204 — Autre en soie blanche brodée.

205 — Autre en soie rayée blanche et vieux rose brochée à fleurs.

206 — Deux petites portières en damas rouge.

207 — Portière en peluche imprimée.

208 — Cantonnière formée d'orfrois en brocart Louis XIV.

209 — Bande en lampas à fond rouge, décor de Chinois.

210 — Portière en lampas fond jaune, ramages rouges.

211 — Tapis de table en lampas à fond rouge.

TAPISSERIES

TAPIS

212 — Tapisserie en deux parties du XVIIe siècle : scène de sacrifice.

213 — Tapisserie à personnages dans un paysage, avec bordures de fleurs sur fond marron. XVIIIe siècle.

214 — Grande tapisserie flamande du XVIIe siècle : la Fortune distribuant les biens ; bordure de coquilles, mascarons, fruits, médaillons, etc.

215 — Tapisserie verdure du XVIIIe siècle, bordure de fleurs.

216 — Tapisserie verdure du XVIIIe siècle, avec oiseaux et habitations ; bordure de feuillages.

217 — Tapisserie verdure en deux parties du XVIIIe siècle, bordure de fruits et fleurs.

218 — Tapisserie verdure du XVIIIe siècle, avec perruche sur un arbre ; bordure de fleurs et oiseaux.

219 — Tapisserie verdure du XVIIIe siècle, avec personnages au premier plan ; bordure de fleurs.

220 — Tapisserie verdure avec oiseaux et habitations ; bordure de fleurs et oiseaux.

221-222 — Quatre carpettes orientales.

223 — Sous ce numéro, objets non catalogués.

www.ingramcontent.com/pod-product-compliance
Ingram Content Group UK Ltd.
Pitfield, Milton Keynes, MK11 3LW, UK
UKHW022150260726
13993UKWH00005B/2282

9 782329 508924